Dominik Oberhumer

Entwicklung von Apps für Android

Effiziente Entwicklung, Guidelines und Generatoren

GRIN Verlag

Bibliografische Information der Deutschen Nationalbibliothek:

Die Deutsche Bibliothek verzeichnet diese Publikation in der Deutschen National-
bibliografie; detaillierte bibliografische Daten sind im Internet über http://dnb.d-
nb.de/ abrufbar.

Impressum:

Copyright © 2012 GRIN Verlag GmbH
Druck und Bindung: Books on Demand GmbH, Norderstedt Germany
ISBN: 978-3-656-29445-0

Dieses Buch bei GRIN:

http://www.grin.com/de/e-book/203183/entwicklung-von-apps-fuer-android

GRIN - Your knowledge has value

Der GRIN Verlag publiziert seit 1998 wissenschaftliche Arbeiten von Studenten, Hochschullehrern und anderen Akademikern als eBook und gedrucktes Buch. Die Verlagswebsite www.grin.com ist die ideale Plattform zur Veröffentlichung von Hausarbeiten, Abschlussarbeiten, wissenschaftlichen Aufsätzen, Dissertationen und Fachbüchern.

Besuchen Sie uns im Internet:

http://www.grin.com/

http://www.facebook.com/grincom

http://www.twitter.com/grin_com

FAKULTÄT
FÜR INFORMATIK
Faculty of Informatics

Entwicklung von Apps für Android

Effiziente Entwicklung, Guidelines und Generatoren

BACHELORARBEIT

von

Dominik Oberhumer

Wien, 30.09.2012

Technische Universität Wien
A-1040 Wien • Karlsplatz 13 • Tel. +43-1-58801-0 • www.tuwien.ac.at

Danksagungen

An dieser Stelle möchte ich bei allen Personen Danke sagen, ohne deren Unterstützung diese Arbeit nicht in dieser Form vorliegen würde:

Ein großer Dank geht daher an den Betreuer Dipl.-Ing. Mag. Dr. Thomas Neubauer, für die unkomplizierte und einfache Kommunikation und sein konstruktives Feedback.

Vor allem möchte ich mich aber bei meiner Familie bedanken. Ohne deren Unterstützung wäre nicht nur diese Arbeit nicht geglückt, sondern das gesamte Studium wäre nicht möglich gewesen. In diesem Sinn, ein ganz großes Dankeschön.

Vorwort zur veröffentlichten Version

Bei diesem Werk handelt es sich um meine Bachelorarbeit für das Studium *Software and Information Engineering* an der *Technischen Universität Wien*.

Diese Arbeit wurde mit der Note *Sehr gut* beurteilt.

Die Programmierbeispiele dieser Arbeit können Sie erreichen unter: `http://goo.gl/DmDTo`. Zum Entpacken benötigen Sie das Passwort *bach_android*.

Abstract

The importance of Android Apps is still growing. So it is necessary to deal with the app development. The design of software for a mobile device is different than the one for normal computer. So the developer has to recognize other guides and tools. However many developer don't do this, and generate apps in an own way. This thesis gives an insight to the right development. For this it will picture important tools and design guidelines. Following some other technologies for development (alternates to the standard Android SDK) will be reviewed with a hands-on example. So there should be a road to success for efficient and sensible apps. With the app generators the developer can design an application with less (or other) technical knowledge. This thesis can be used to give an impression of the state of the art technologies, guidelines and tools for developing Android Apps.

Kurzfassung

Die Bedeutung von Apps für Android nimmt stetig zu. Wodurch es wichtig ist, sich mit der Entwicklung dieser auseinander zusetzen. Da es sich bei der Entwicklung für mobile Geräte allerdings um eine andere Disziplin handelt, müssen andere Gedanken und Programme verwendet werden. Viele App Entwickler lassen dies außen vor und entwickeln nach ihrem eigenen Muster. Diese Arbeit vermittelt einen Einblick in die Entwicklung, indem wichtige Hilfsprogramme und Design-Richtlinien vorgestellt werden. Anschließend werden die Möglichkeiten der Entwicklung abseits der Standard-Entwicklungsform, der Android SDK, an einem praktischen Beispiel untersucht. Damit wird ein Weg aufgezeigt, um Apps effizient und sinnvoll zu entwickeln. Mithilfe der Generatoren können auch Apps gestaltet werden, bei denen weniger (oder anderes) technisches Wissen notwendig ist. Diese Arbeit kann verwendet werden um einen Überblick über die momentan vorhandenen Technologien, Richtlinien und Hilfsprogramme zu bekommen.

Inhaltsverzeichnis

Einführung

Dieses erste Kapitel soll grundlegende Informationen über den Aufbau und Inhalt dieser Arbeit vermitteln. Es soll als Einleitung in die Thematik dienen und das grundlegende Verständnis liefern, welches für das Lesen der eigentlichen Arbeit nötig ist.

1.1 Motivation

Dieser Abschnitt soll verdeutlichen, warum die Entwicklung von Apps für Android ein wichtiges Thema ist. Dafür werden die Begriffe *Android* und *App* kurz atomar beschrieben.

Einführung in Android

Google übernahm 2005 das Start-up-Unternehmen *Android Inc.* Zu dieser Zeit gab es keine wirklichen Standards im Bereich mobiler Endgeräte. So waren meist proprietäre Betriebssysteme der Gerätehersteller installiert. Damit waren auch die Schnittstellen für die Entwicklung von Programmen sehr unterschiedlich und oft auch restriktiv. Im Gegensatz dazu sollte die Android-Plattform offen und vielfältig sein. [48]

2007 wurde die *Open Handset Alliance* von Google und 33 Partnern gegründet. Das Hauptziel dieser Vereinigung ist es offene Standards für mobile Endgeräte zu schaffen. Diese Allianz entwickelte Android als Open-Source-Betriebssystem für mobile Endgeräte [3]. Bei Android handelt es sich um ein Betriebssystem, welches auf den Linux Kernel basiert und in vielen Punkten an die Gegebenheiten eines mobilen Endgerätes angepasst wurde. Unter anderem werden diese Geräte von der knappen Stromversorgung und dem kleinen Display beschränkt. [53]

Erkennbar ist Android an seinen Maskottchen: dem grünen Roboter. Dieser steht unter der *Creative Common Licence* und darf damit frei modifiziert und verwendet werden, wenn die Quelle angegeben wird. [24] [51]

Abbildung 1.1: Android Roboter [24]

Im Laufe der Zeit wurde Android das Smartphone Betriebssystem mit dem größten Marktanteil [59]. Darüber hinaus wird das System auch auf Tablets eingesetzt, zudem basieren auch weitere Geräteklassen auf Android[1]. Damit besitzt Android eine sehr hohe Verbreitung und einen hohen Bekanntheitsgrad.

Was sind Apps?

Bei Apps handelt es sich um Programme, welche Funktionalität in ein System bringen. Der Bezug von Apps wird oft über *App Stores* bereitgestellt. Für Android gibt es dafür den *Google Play Store*[2]. In diesem Store befindet sich eine Unmenge an Apps und Spiele. Die Installation einzelner Apps läuft sehr einfach ab. Statt der (mehr oder minder aufwändigeren) Installation von Programmen am Computer werden Apps mit einem Klick heruntergeladen und vollautomatisch installiert. Damit ist der Bezug von Apps sehr einfach und erfreut sich großer Beliebtheit bei den Endanwendern.

Natürlich betrifft dies nur den Bezug von Apps aus dem Store. Die Installation von Apps aus fremden Quellen kann ein Sicherheitsrisiko darstellen. Aber dadurch lassen sich auch Apps installieren, welche (noch) nicht im Store zu finden sind. Der Play Store besitzt klare Regeln[3], was eine App machen darf und welche Arten von Apps in diesem Store nicht erlaubt sind. Sollte gegen diese Regeln verstoßen werden, so wird eine App aus dem Store entfernt. Diese Regeln dienen der Sicherheit des Nutzers. Außerdem behält sich Google das Recht Apps direkt von jedem Gerät wieder entfernen zu können. Apps werden in eigenen Umgebungen (sogenannte *Sandboxen*) ausgeführt, damit die Auswirkungen bei Sicherheitsproblemen minimal sind. [60]

1.2 Problembeschreibung

Für die Entwicklung von Apps gibt es mehrere Möglichkeiten. Die Umfassendste ist die Entwicklung mithilfe des *Android-SDK*[4]. Damit lassen sich native Apps entwickeln. Die Möglich-

---

[1] zum Beispiel die Google TV SetUp Boxen
[2] http://play.google.com/store
[3] Diese Richtlinien befinden sich hier: http://play.google.com/about/developer-content-policy.html
[4] Software Development Kit

keiten, welche damit gegeben sind, hängen nur von dem SDK ab. In der SDK-Beschreibung [5] ist es Entwicklern möglich, die Informationen zu finden, welche für die Programmierung einer App nötig sind. Voraussetzung um diese Beschreibung zielführend zu verstehen ist der Besitz von generellen Programmierkenntnissen beziehungsweise JAVA-Kenntnisse. Die SDK verändert sich mit jeder Version. Diese Versionen sind aufwärts kompatibel. Aber nicht unbedingt nach unten. Das bedeutet, dass eine Mindestversion bei der Programmierung festgelegt und auf Funktionen, die später aufgenommen wurden, verzichtet werden muss.

Die Alternativen basieren auf diverse Möglichkeiten, welche mehr oder weniger technisches Verständnis benötigen und für sich ganz eigene Entwicklungsmöglichkeiten darstellen. Diese sind allerdings meistens eingeschränkter als bei der Android-SDK. So gibt es die Möglichkeit, eine App einmal zu entwickeln und anschließend ohne große Adaption die App auf andere Plattformen (zum Beispiel iOS von Apple) portieren zu können. Oder das die App nur Content, aus einer Webquelle, aufbereitet und darstellt.

1.3 Ziele der Arbeit

Diese Arbeit beantwortet die Frage, wie Apps effizient programmiert werden können. Die App sollte nach einem kostengünstigen Entwicklungsprozess wenige Fehler besitzen und gut zu bedienen sein. Dafür ist es nötig, dass sich die App als Teil der Plattform verhält und somit die (Design-) Regeln dieser einhält. Damit soll die Benutzbarkeit gewährleistet werden und die Bedienung dem Nutzer auch Spaß machen. Das Ziel dahinter ist, dass die App von möglichst vielen Nutzern gerne verwendet wird.

Um dies zu beleuchten, werden in dieser Arbeit Richtlinien für die Entwicklung erörtert. Der letzte Schwerpunkt ist es Alternativen beziehungsweise Ergänzungen zur Android SDK Programmierung zu ermitteln. Diese App Generierungs-Möglichkeiten können mit unterschiedlich großem technischem Aufwand vollwertige Apps erzeugen. Allerdings werden dadurch auch die Möglichkeiten eingeschränkt. Wodurch sich diese Alternativen nicht für jede App beziehungsweise für jeden Kontext eignen.

1.4 Aufbau der Arbeit

Im nächsten Kapitel (Kapitel zwei) wird auf die Entwicklung mit der Android-SDK eingegangen. Beginnend mit der Installation, über die zur Verfügung stehenden Tools bis hin zum Absatz der App über den Google Play Store. Dies stellt die gewöhnliche Entwicklungsroutine dar und es soll dabei auch auf Tools eingegangen werden, welche Fehler minimieren und damit die Effizienz in der Entwicklung steigern.

Das dritte Kapitel beschreibt im Anschluss Richtlinien für das Design. Da Android primär auf mobilen Endgeräten eingesetzt wird, müssen bei der Entwicklung andere Prinzipien beachtet

---

[5]`http://develop.android.com`

3

werden: So sind die Bildschirme kleiner, der Nutzer ist auf einen Akku angewiesen und einige weitere Punkte. Der Designer einer App sollte sich an Richtlinien für diese Umgebungen halten. Im Besonderen beschreibt dieses Kapitel die Android Design Guidelines. Diese sollen ein einheitliches Look and Feel auf die Android-Plattform bringen und dem Nutzer ein konsistentes Erlebnis ermöglichen.

Im vierten Kapitel werden die alternativen Entwicklungsformen verglichen und auf die Vor- und Nachteile der Möglichkeiten eingegangen. Dafür wird dieselbe App mithilfe mehrerer Möglichkeiten umgesetzt und die Unterschiede diskutiert.

Im fünften Kapitel befindet sich noch eine kritische Auseinandersetzung und Reflexion mit dem gesamten Themenblock.

Und abschließend noch der Anhang, hier sind im Literaturverzeichnis auch die Quellen zu finden, welche für die Erstellung der Arbeit verwendet wurden.

Die laufend eingefügten Fußnoten dienen nicht als Quellen, sondern sollen weitere Informationen (zum Beispiel die Web-Adresse) für interessierte Leser liefern. Maskuline Personenbezeichnungen sind prinzipiell geschlechtsneutral zu verstehen, sofern aus dem Zusammenhang nichts anderes hervorgeht.

Da der Inhalt der Seite developer.android.com unter der Creative Common Licence steht [51], darf der Inhalt frei verwendet werden. Durch diese Freiheit sind einige Bilder dieser Arbeit (zum Beispiel der Android Robot in diesem Kapitel) von jener Seite entnommen worden. Natürlich wird bei den entnommenen Bildern im Bildtitel auf die Originalquelle mithilfe einer Zitierung hingewiesen.

4

KAPITEL 2

Entwicklung mit der Android SDK

Um die effiziente normale Entwicklungsroutine vorzustellen, behandelt dieses Kapitel die Android-SDK und einige wichtige Tools für die Entwicklung. Das Ziel dieser Tools ist es den Entwickler zu unterstützen und möglichst früh Fehler zu finden. Dies reduziert die Entwicklungsdauer und -kosten. Im Anschluss befasst sich dieses Kapitel mit der Veröffentlichung einer App, da dies bei den meisten produktiv umgesetzten Apps eine zentrale Rolle spielt.

2.1   Android-SDK

Die Abkürzung SDK steht für *Software Development Kit* und meint eine Sammlung von Tools und Anwendungen, welche für die Entwicklung von Software benötigt wird. Mithilfe der Dokumentation und der SDK kann ein Softwareentwickler Programme schreiben, welche auf die SDK basieren.

Die Dokumentation zur Android-SDK befindet sich auf der Seite für Android Developer[1]

Installation der Android-SDK

Die Installation besteht aus mehreren Teilen. So wird zuerst nur die CoreSDK[2] installiert, welche benötigt wird, um weitere Teile nachladen zu können. Dieser Teil prüft das System auf die nötigen Programme. Sollte kein *Java SE Development Kit (JDK)* installiert sein, so wird auch dies in diesem Schritt nachgeholt. [33]

Damit wurde der Android-SDK-Manager installiert, welcher genutzt wird, um die Tools und Plattformen downloaden und aktualisieren zu können. Für die Entwicklung wird zumindest eine

---

[1] http://developer.android.com
[2] Download von http://developer.android.com/sdk/index.html

Plattform benötigt. Die Plattformen unterscheiden sich in der Version der SDK, welche in der Regel nur aufwärts kompatibel ist. Es wird also eine Mindestversion benötigt. [32]

Sollte mit *Eclipse*[3] entwickelt werden, so gibt es dafür ein Plugin, welches die Tools mit Eclipse verknüpft. Diese Tools nennen sich *Android Development Tools (ADT)*[4]. Zu diesem Paket gehören auch die im Folgenden erläuterten Tools.

2.2 Tools

Um die Fehlerarmut und gute Performance zu erreichen, ist es nötig die App mit vielen Tools zu überprüfen und die daraus gewonnen Erkenntnisse in die App einzuarbeiten. Dies führt zu einer inkrementellen Qualitätsverbesserung und soll daher nicht unterschätzt werden. Um die Übersicht über die folgende Auflistung zu verbessern, befinden sich in den Überschriften Tags, welche den Verwendungszweck kurz herausheben sollen.

ALLGEMEIN: emulator

Um eine App zum Testen ausführen zu können, gibt es prinzipiell zwei Möglichkeiten: das Ausführen auf einem echten, über USB angeschlossenen Gerät oder mithilfe des Emulators. Sollte der Emulator verwendet werden, muss im *Android Virtual Device Manager* ein Gerät eingetragen sein. Dabei wird die Version der Android-Plattform und die Hardware des virtuellen Gerätes festgelegt.

Beim Ausführen der App wird diese im virtuellen Gerät installiert und gestartet.

Darüber hinaus ist es auch möglich, den Emulator auf Konsolen-Ebene zu bedienen.

Das Testen im Emulator ist in manchen Punkten eingeschränkter als mit einem realen Gerät. So können keine Verbindungen am USB-Anschluss oder von Kopfhörern getestet werden. Auch ist es nicht möglich, den Netzwerkstatus oder den Batterie Level auszulesen. Bluetooth wird in seiner Gesamtheit nicht unterstützt. Weitere Einschränkungen besitzt der Emulator in den Bereichen: Wi-Fi, NFC und Kameraaufnahmen. Die Simulation von Anrufen und SMS ist allerdings möglich. [37] [46]

CODEANALYSE: Android Lint

Android Lint analysiert den Code und versucht damit Fehler zu finden. Es läuft unabhängig von der verwendeten IDE[5] auf Konsolen-Ebene, allerdings gibt es bei den ADT eine Integration in Eclipse. Beispielhaft erkennt Lint Fehler bei den Übersetzungen. So werden Sprachcodes gekennzeichnet, welche nicht in allen Sprachen übersetzt wurden. Darüber hinaus werden auch

---

[3]Weitere Informationen und Download: http://www.eclipse.org/
[4]Download von http://developer.android.com/sdk/installing/installing-adt.html
[5]Integrated Development Environment, zum Beispiel: Eclipse, Netbeans,...

Abbildung 2.1: Screenshot des Emulator (App Launcher)

weitere Internationalisierungsprobleme erkannt. Diese können durch hart-codierte Strings entstehen und sollten besser in die Ressourcen (gegebenenfalls mehrsprachig) gelagert werden. Auch ungenutzte Ressourcen würden die App nur unnötig groß machen und werden von Lint erkannt. Sogar bei fehlerhaften Icons schlägt das Tool Alarm.

Auch Fehler im Manifest, welche sich sonst nur sehr schwer ausfindig machen lassen, werden gemeldet. So werden Tippfehler leichter gefunden oder auch Unstimmigkeiten bei der Programmierung und der deklarierten SDK-Version beziehungsweise fehlende Berechtigungen werden gemeldet.

Darüber hinaus gibt es viele weitere Regeln [6] und es ist sogar möglich selber eigene Regeln[7] zu definieren.

Wenn Probleme sich (semi-) automatisch beheben lassen, bietet Lint auch die Möglichkeit für Quick-Fixes an. Dieser kann von einer sinnvollen Änderung des Sourcecodes bis zum schlichten Ignorieren des Problems ganz unterschiedlich sein, abhängig von der verletzten Re-

---

[6]Vollständige Liste mit Lint Regeln: http://tools.android.com/tips/lint-checks
[7]Eigene   Lint   Regeln   erstellen: http://tools.android.com/tips/lint/writing-a-lint-check

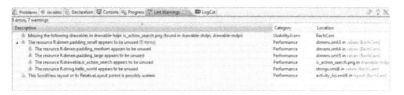

Abbildung 2.2: Lint angewendet auf BachCam (siehe Kapitel 4)

gel.

In den Einstellungen des Eclipse Tools lässt sich auswählen ob die Fehler als Warning oder Error gemeldet werden sollen. Auch kann dabei gewählt werden, ob Lint automatisch ausgeführt werden soll. Die Verwendung von Lint ist jedenfalls sehr empfehlenswert, da damit Fehler deutlich schneller gefunden werden und bereits beim Erstellen des Fehlers auf diesen aufmerksam gemacht wird, wodurch die Auswirkungen noch minimal sind. [52]

DEBUG: DDMS

Der *Dalvik Debug Monitor Server* ist eine Debug-Perspektive in Eclipse. Dieser ist aber nicht auf Step-by-Step Debug ausgelegt. Sondern liefert viele weitere Informationen über die laufende App. DDMS arbeitet wie der normale Step-by-Step Debug mithilfe der adb[8].

In der linken Spalte werden die angeschlossenen realen und virtuellen Geräte angezeigt, und wenn diese aufgeklappt werden, erscheinen die laufenden und debug-baren Prozesse des jeweiligen Gerätes. Zu diesen Prozessen kann DDMS die Threads anzeigen, oder auch den Speicherverbrauch im Heap. In seiner neusten Version kann DDMS auch den Netzwerk Verkehr in einer detaillierten Version anzeigen.

Neben dem Gewinnen dieser zusätzlichen Informationen kann DDMS verwendet werden, um den Telefonstatus zu verändern. Dadurch lässt sich zum Beispiel die Internet-Geschwindigkeit auf EDGE drosseln. Zudem lässt er auch zu, dass ein Telefonanruf oder SMS Empfang vorgetäuscht werden kann. Mit dieser Hilfe können weitere Situationen direkt in der Entwicklungsumgebung getestet werden, ohne auf ein weiteres, mit dem Testgerät interagierendes Gerät zurückgreifen zu müssen. Es ist möglich beliebige Anrufnummern zu verwenden und somit Grenzfälle in der App leichter zu testen. Auch die GPS-Position lässt sich modifizieren, um auch dadurch Spezialfälle testen zu können. [34] [47]

LogCat

Bei LogCat handelt es sich um den Logger, welcher Debug Informationen sammelt und ausgibt. Es ist im DDMS integriert und sammelt die aktuellen Informationen. Die Informationsstufe ist

---

[8]Android Debug Bridge

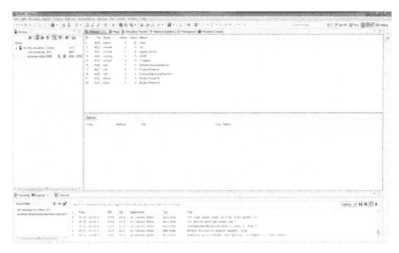

Abbildung 2.3: Screenshot von DDMS bei der Analyse von BachCam (siehe Kapitel 4)

unterteilt nach: Verbose - Debug - Info - Warn - Error. Der Log ist sehr hilfreich, um den Grund für eine Runtime Exception zu finden. [34]

DEBUG (LAYOUT): Hierarchy Viewer

Um zu verhindern, dass das Layout der App das Programm verlangsamt, kann der Hierarchy Viewer die Struktur der Views untersuchen. Da der Hierarchy Viewer nur auf der Entwickler-version von Android funktioniert, ist er vor allem mit dem Emulator nutzbar, aber nur selten mit einem realen Gerät. Wenn eine App ausgeführt wird, teilt sich die Eclipse Perspektive des Hierarchy Viewer in vier Bereiche.

- TreeView: der linke Bereich; stellt die Struktur in einer Baumstruktur dar.
- Tree Overview: oben rechts; hier wird die Baumstruktur klein als Übersicht angezeigt.
- Properties View: Mitte rechts; listet die Eigenschaften des ausgewählten Objektes auf.
- Layout View: unten rechts; ist eine andere Art der Navigation durch die App. Es wird das User Interface angezeigt.

Sinnvoll ist dieses Tool um Fehler zu finden oder die View zu optimieren. Da damit die Performance der View verbessert werden kann. [36] [49]

9

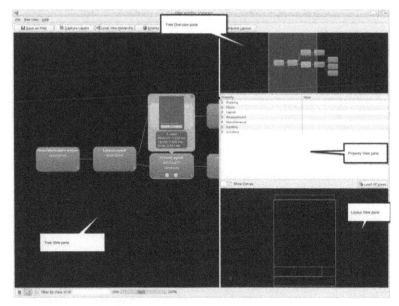

Abbildung 2.4: Screenshot des Hierarchy Viewer [36]

DEBUG (PERFORMANCE): Traceview

Traceview wird verwendet, um die Performance der Software analysieren zu können. Mit diesem Tool lässt sich die Laufzeit von Programmteilen messen und das Ergebnis verfolgen. Für die Erstellung der Trace Dateien gibt es zwei Möglichkeiten. Entweder es werden die Methoden der Debug Klasse verwendet oder die Funktion des DDMS. Die DDMS Methode ist weniger präzise, und der Entwickler hat weniger Kontrolle über die Erhebung und Speicherung der Daten. Allerdings hat dies auch den großen Vorteil, dass der Code nicht angepasst werden muss. Sollte die Präzision der ersten Methode nicht benötigt werden, ist es ratsam, nur die zweite Methode zu verwenden. [35] [50]

DEBUG (EINGABESIMULATION): monkey

Monkey ist ein Kommandozeilen Programm, welches User Interaktionen simuliert. Dafür werden pseudo-zufällige User-Events ausgelöst. Dies kann verwendet werden, um einen Stress-Test mit einer App auszuführen. Monkey bietet eine Menge an Einstellungsmöglichkeiten, so können die zu testenden Teile eingeschränkt werden. Es lassen sich auch die Events steuern, wie beispielsweise eine Verzögerung zwischen den einzelnen Events. [39]

10

IMAGES: Draw 9-patch

Anders als die vorherigen Tools handelt es sich bei Draw 9-patch nicht um ein Debug-Tool, sondern um ein Zeichenprogramm für 2D-Bilder. Nine-Patch Dateien sind normale Bilder mit der Endung .9.png und werden verwendet, wenn die Größe des Bildes sich an einen (dynamischen) Inhalt anpassen soll. Dies passiert dabei auf die Art, dass das Bild in drei Mal drei Felder unterteilt wird. Wobei sich die mittleren Felder beliebig strecken lassen. Dadurch passt sich das Bild mit seiner Größe an den Inhalt an. Beispielsweise könnte dies verwendet werden um einen Button-Hintergrund fest zulegen und der Button würde sich dann selbstständig an den Text anpassen und hätte die richtige Größe um den Text zu umschließen. [28]

Draw 9-patch ist ein Tool um solche 9-patch Bilder mit einen WYSIWYG[9]-Editor zu erstellen. Es ist sehr einfach zu handhaben. Im Editor wird lediglich eine PNG-Datei geladen, und darin (horizontal beziehungsweise vertikal) der streckbare Bereich festgelegt. Daraufhin muss es nur noch als 9-patch gespeichert werden. [38]

SECURITY: ProGuard

Auch ProGuard beschäftigt sich nicht mit dem Testen der App, sondern bereitet die App für die Verbreitung vor. So wird der Code verkleinert, optimiert und verschleiert. Dies bedeutet, dass nicht benötigter Code gelöscht wird. Dadurch ergibt sich eine kleinere APK-Datei am Ende, welche somit schneller vom User bezogen werden kann. Darüber hinaus wird der Code verschleiert, dies bedeutet, dass die Namen skurril umbenannt werden. Dies erschwert Reverse Engineering und damit wird es schwerer für Unberechtigte an den ursprünglichen Code zu kommen. Angreifer könnten ohne die Verschleierung an den Original-Code kommen und gezielt nach Schwachstellen suchen, welche sie danach gezielt ausheben können. Mit ProGuard wird dies erschwert, jedoch nicht verhindert.

Dieses Tool ist in den Build Prozess integriert und wird daher automatisch ausgeführt wenn der Build im Release Mode arbeitet. Es ist daher nicht notwendig ProGuard manuell zu starten. Die Regeln für die Optimierung und Verschleierung können in der proguard.cfg im Projektverzeichnis festgelegt werden. In der project.properties-Datei muss allerdings auf die proguard.cfg Datei hingewiesen werden, damit das Tool arbeiten kann. Ohne diesen Link wird ProGuard nicht ausgeführt.

Im Standardfall werden nur allgemeingültige Vorgänge optimiert. In manchen Fällen könnte diese Standardkonfiguration zu Fehler in der App führen. Da im Fehlerfall im ausgegebenen Stack Trace die verschleierten Klassennamen zu finden sind, wird es sehr schwer (oder gar unmöglich) zu debuggen. Glücklicherweise erzeugt ProGuard eine Datei mapping.txt, welche die Zuordnung der Verschleierten- und der Originalnamen ermöglicht. [40]

---

[9]What You See Is What You Get

2.3 Vertreibung der App

Wenn eine App geschrieben wurde, ist es wichtig, dass diese auch an Nutzern beziehungsweise Kunden gebracht wird. Nur dadurch kann die App von User verwendet werden. Unabhängig von der Art der Verbreitung bedarf dies ein wenig Wissen in Marketing. Doch bei Google wird vieles vom Google Play Store abgenommen. Dadurch wird auch die Veröffentlichung von Apps sehr einfach für die Entwickler.

Google Play Store

Die häufigste Form der Verbreitung einer Android-App ist die Veröffentlichung im Google Play Store[10]. Dieser ist auf der überwiegenden Anzahl an Geräten vorinstalliert. Es ist sogar möglich, über die Webseite Apps auf dem eigenen Gerät remote zu installieren. Kunden interagieren mit dem Play Store und können darüber unmittelbar Feedback zur App liefern. Durch die verschiedenen Kategorien kann der User immer gezielt nach den Apps suchen, die ihn interessieren. [23]

Auch Geld kann mit diesem Store verdient werden. So lässt sich eine App in 130 Länder zu unterschiedlichen Preisen verkaufen. Möglich ist es auch, dass innerhalb der App Zahlungsmöglichkeiten angeboten werden, um damit weitere Funktionen freischalten zu können, ohne dass der User eine weitere App installieren muss. Das Zahlungsprozedere wird von Google abgenommen und der Entwickler bekommt die Abrechnung und das verdiente Geld abzüglich einer Provision für Google. Auch über Rückgaben muss der Entwickler sich nicht kümmern. [22]

Darüber hinaus hat der Entwickler die Möglichkeit die App genau für sein Zielpublikum festzulegen. Eine technische Einschränkung ist das Voraussetzen von Funktionen am Zielgerät, welche für das fehlerfreie Laufen der App nötig sind. Wenn die App von Nutzern gefunden wird, liefert der Store viele Statistiken. Zum Beispiel kann abgerufen werden, wie viele Installationen in letzter Zeit durchgeführt wurden, oder auf welchen Geräten die App momentan installiert ist. Damit kann die weitere Entwicklung der App genau auf das Zielpublikum angepasst werden. [21]

Veröffentlichung im Google Play Store

Bevor ein Entwickler eine App veröffentlichen kann, muss er sich als Developer anmelden. Diese Registrierung erfolgt über die *Google Play Android Developer Console* [11]. Nach Eingabe der Daten müssen zum Abschluss 25 US-Dollar Gebühren über Google Wallet[12] bezahlt werden. Sollte angedacht sein, dass kostenpflichtige Apps verkauft werden, so muss dafür eine entsprechende Registrierung in Google Checkout[13] vorgenommen werden. [26]

In der Google Play Android Developer Console finden sich alle Informationen, welche sich ein Entwickler über den Absatz der App benötigt. So kann er dort die Einstellungen der App

---

[10]https://play.google.com/store
[11]https://play.google.com/apps/publish/
[12]Google Checkout ist Teil von Google Wallet [8]
[13]http://checkout.google.com/sell

ändern oder ansehen. Und findet dazu noch das Feedback der User oder von möglichen Feh-
lermeldungen. Auch die Verkaufsstatistik und die Nutzungsstatistiken finden sich hier. Für die
Beschreibung der App sind Screenshots nötig, diese können mit DDMS angefertigt werden, da
die Bilder dann die richtige Größe haben. [25]

Offene Vertreibung

Da es sich bei Android um eine offene Plattform handelt, ist es jeden frei überlassen, auf welche
Art die Apps veröffentlicht werden. Es gibt keinen Zwang den Google Play Store zu verwenden.
Dies bedarf allerdings auf den Zielgeräten einer Änderung an den Sicherheitseinstellungen: So
müssen diese Unknown Sources für Apps zulassen. Die Einstellung dafür befindet sich unter den
Sicherheitseinstellungen. Nachdem diese Änderung übernommen wurde, kann der Nutzer eine
APK-Datei direkt von einer Web-Seite installieren. Wenn die APK-Datei per E-Mail empfangen
und mit dem Standard G-Mail Klienten geöffnet wird, erscheint auch sofort ein Install-Button
unter dem Anhang. Darüber hinaus gibt es noch andere Marketplaces als nur den Google Play
Store. Alle diese Bezugsquellen haben aber einige Nachteile: So funktioniert das automatische
Update der App via Google Play Store nicht. Und auch das Fernlöschen durch Google einer
sicherheitsbedrohlichen App funktioniert nicht. [27]

Der bekannteste alternative Marktplatz ist der Amazon Appstore[14]. Dieser ist seit dem 30.
August 2012 auch in einigen europäischen Ländern verfügbar. [4] So können nun auch deutsche
(und österreichische) Amazon Kunden auf diesen Appstore zugreifen. Zudem wird hier täglich
eine (eigentlich kostenpflichtige) App kostenfrei angeboten. [7]

---

[14]http://www.amazon.com/appstore

KAPITEL 3 ∎

Richtlinien

Um häufige Fehler zu vermeiden, gibt es für die Entwicklung von Software Richtlinien. Diese sollen die Gegebenheiten im Umgang mit der Software in Erinnerung rufen und die Aufmerksamkeit auf die wichtigsten Punkte lenken. Vor allem geht es dabei um optische Eigenschaften der Software. Bei Android handelt es sich vor allem um eine Plattform für mobile Endgeräte. Dadurch sind die meisten Bildschirme eher klein und werden oft mit Berührungen bedient. Durch diese Eigenschaften sind ganz andere Schwerpunkte in der Usability zu setzen, als bei einer klassischen Computer-Software. Daher gibt es eigene Richtlinien für diese Art der Programme.

3.1 Android Design Guideline

Mit Android 4.0 wurde ein neuer Weg für das Design beschritten. Vieles veränderte sich optisch am System. Und dazu kamen auch Richtlinien für App-Entwickler, damit das Erlebnis für den Nutzer vereinheitlicht und vereinfacht wird. Dies sollte zu ästhetischeren Oberflächen führen, welche vom ersten Verwenden an Spaß machen. Es reicht auch nicht, dass die App einfach zu verwenden ist, sondern es soll die Nutzer motivieren neue Sachen auszuprobieren. Die App soll das Leben der Menschen, unabhängig vom Alter oder Kultur, vereinfachen und sie nicht vor einer Herausforderung stellen. [10] Aus dieser Vision leiten sich einige Prinzipien[1] ab.

Style

Da Android auf vielen unterschiedlichen Geräten läuft, sind auch die Anforderungen an die App sehr unterschiedlich. So werden Bilder in verschiedenen Auflösungen benötigt, abhängig von Größe und Auflösung des Displays. Dafür können die Bilddateien in verschiedene Ordner abgespeichert werden und über die Ressourcenverwaltung wird die richtige Version eingebunden. Es stehen dafür vier Kategorien (XHDPI, HDPI, MDPI, LDPI) zur Verfügung [16]. Außerdem

---

[1]`http://developer.android.com/design/get-started/principles.html`

14

Roboto Regular

ABCDEFGHIJKLMN
OPQRSTUVWXYZ
abcdefghijklmn
opqrstuvwxyz

Roboto Bold

ABCDEFGHIJKLMN
OPQRSTUVWXYZ
abcdefghijklmn
opqrstuvwxyz

Abbildung 3.1: Muster zu den Schriftarten für Android [19]

ist die Auflösung auch für weitere Faktoren zu beachten. So wird empfohlen Komponenten mit mindestens 48dp[2] Höhe zu gestalten. Dies führt dazu, dass die Komponente auf jedem Gerät mindestens 7 Millimeter hoch ist. [17]

Um eine konsistente Oberfläche in allen Apps zu gewähren, gibt es drei vordefinierte Themes. Diese nennen sich Holo Light, Holo Dark und Holo Light mit einer dunklen Action Bar. Es steht dem Entwickler frei, die für seine App am besten passende zu wählen. Auch ist es keine Verpflichtung eine der drei Themes umzusetzen, aber es wird sehr stark empfohlen. [18]

Um ein konsistentes Design in den Apps zu gewährleisten, werden auch die Schriftarten und Farben empfohlen. Für die Schriftart gibt es *Roboto Regular* und *Roboto Bold*[3] [19]. Bei den Farben ist vor allem auf den Kontrast zu achten, und dass auch auf Farbblindheit Rücksicht genommen wird[4] [15]. Der Text in einer App sollte kurz, einfach und freundlich sein. Er soll den Fokus auf das Wichtige legen, indem das Wichtige zuerst genannt wird und unnötige Informationen weggelassen werden. [20]

Pattern

Manche Entwickler verfolgen einen *design once, ship anywhere* Ansatz. Dies bedeutet, dass die App nur einmal entwickelt, und dann ohne große Anpassungen auf die anderen Plattformen portiert wird. Da aber Designregeln, die auf einer Plattform sinnvoll sind, nicht zwangsläufig auf anderen Plattformen gut aussehen, führt dies zu Inkonsistenzen der App zu dem System. Daher

---

[2]Auflösungsorientierte Pixel. 1dp ist 1 Pixel auf 160 dpi Bildschirm
[3]Diese Schriftarten und weitere Sachen können hier runter geladen werden: http://developer.android.com/design/downloads/index.html
[4]Farbpallete findet sich hier: http://developer.android.com/design/style/color.html

15

sollte bei der Entwicklung nicht versucht werden Interface Elemente einer anderen Plattform nachzuahmen. So sehen Buttons, Textboxen, und so weiter auf jeder Plattform ein wenig anders aus. Und auf Android sollte nur der Android Design Ansatz verfolgt werden.

Um die Kopplung zwischen den Apps zu lösen, sollten auch Verweise auf andere Apps nicht hart-codiert sein, sondern nach Möglichkeit die Intent-API verwenden. Dies entspricht dem offenen Ansatz von Android. Damit muss keine bestimmte App für eine Aufgabe am Gerät vorhanden sein, sondern nur eine App, die diese Aufgabe bewältigen kann. Welche App wirklich gewählt wird, kann der User frei bestimmen. [14]

Auch soll die Navigation durch die Apps dem Android-Standard entsprechen. Seit Android 4.0 gibt es zwei Arten zum Zurück-Navigieren. So gibt es neben dem *Back*-Button auch einen *Up*-Button. Der Back-Button navigiert zur zuletzt angezeigten View. Der Up-Button hingegen sollte in der Hierarchie der Oberfläche nach oben wechseln. Beispiel: Die Navigation von einer Detailseite zu einer weiteren Detailseite bedeutet, dass die beiden Zurück-Buttons unterschiedliche Funktionen erfüllen. So würde in diesem Fall der Back Button zur ersten Detailseite zurück wechseln und der Up-Button zur Hauptseite der zweiten Detailseite hoch wechseln. [12]

Der Up-Button befindet sich auf der (mit Android 4.0 eingeführten) *Action Bar*. Diese soll das Menü ergänzen und häufige Aktionen als Schaltflächen anzeigen. Um zu wählen, welche Aktionen hier aufgelistet werden sollen, sollten die FIT-Eigenschaften geprüft werden. FIT steht für Frequent, Important und Typical. Zur Rechtfertigung der Platzierung auf der Action Bar reicht es, wenn eine Eigenschaft zutrifft. Also sollten die Schaltflächen auf der Action Bar häufig verwendet, wichtig oder typisch für die Anwendung sein. [11]

Auch *Notification* unterliegen klaren Regeln. Diese Funktion soll über Events informieren, welche eine zeitnahe Reaktion erwarten oder andere Personen involviert. Das Icon für die Benachrichtigung sollte farblos sein. Wenn eine App mehrere Benachrichtigungen zu einem ähnlichen Thema sendet, so sollten diese auf einen Stack gestapelt, und nicht nebeneinander angezeigt werden. Sollte die Notification nur für eine bestimmte Zeitspanne interessant sein, so sollte sie von selber wieder verschwinden, wenn diese Zeitspanne vorbei ist. Außerdem soll der Nutzer bei jeder App, welche Benachrichtigungen senden will, diese abschalten können. [13]

3.2 Allgemeine Design Richtlinien

Neben den Richtlinien von Google für android-spezifische Informationen gibt es noch Usability-Richtlinien. Diese basieren auf den Einschränkungen, die bei einem mobilen Endgerät im Allgemeinen zu beachten sind: So ist die Bildschirmgröße klein und der Nutzungskontext ein anderer. Es muss jederzeit mit einer Unterbrechung (von außen oder vom Gerät selber, zum Beispiel ein Anruf) gerechnet werden, und auch das Umfeld während der Nutzung ist nicht immer ein ruhiges Büro, sondern oft auch hektischer Straßenlärm mit schlechter Beleuchtung. [44]

Auf Bekanntes und Erlerntes setzen

Bei dieser Richtlinie existiert eine große Verbindung zu den Android-spezifischen Guidelines. Wenn die Bedienung über die App Grenzen hinweg konsistent auf einer Plattform verläuft, so finden sich die Nutzer schneller zu Recht und können so schneller produktiv die App verwenden. [44]

Den Platz für das Wesentliche nutzen

Auch dies wurde Android-spezifisch schon angesprochen. Die Größe des Bildschirmes ist begrenzt und muss dennoch Wesentliches anzeigen können. Daher muss der Fokus der App auf das Wichtige liegen und muss den Platz effizient nutzen. [44]

Gute Sichtbarkeit bedeutet nicht gute Bedienbarkeit

Ein Touchdisplay wird mit dem Finger bedient. Die Finger können aber keinen Inhalt so zielgenau treffen, wie etwa ein Mauszeiger. Dadurch ist es wichtig, Abstand zwischen interaktive Elemente einzuplanen. Damit der Nutzer auch die Schaltfläche treffen kann, welche er will. [44]

Auf hohes Kontrastverhältnis achten

Da die Nutzung der Geräte nicht auf gut beleuchtete Innenräume beschränkt ist, werden kontrastarme Stellen schnell übersehen. Um dies zu vermeiden, sind kontrastreiche Farben notwendig. Auch dies wurde bei den Android-spezifischen Guidelines bereits angesprochen mit den bunten Farben. [44]

Klares Feedback an den Nutzer geben

Ein Touchscreen bietet kein haptisches Feedback, wie etwa eine Tastatur. Damit spürt der Nutzer nicht sofort, ob seine Geste auch von der Software angenommen wird. Oder der Nutzer daneben gedrückt hat. Dies lässt sich auf Android verhindern, indem die App auf die Interaktion des Users reagiert. Notfalls sollte zumindest eine *Toast*-Nachricht gesendet werden. Toasts sind kurze Nachrichten, die für wenige Sekunden am unteren Bildschirmrand auftauchen. [44]

Den Nutzer unterstützen

Das Tippen und Auswählen ist auf einem mobilen Gerät deutlich schwerer. Es ist also ratsam, dass dem Nutzer die Schreibarbeit mit Vorschlägen erleichtert wird. Somit ist es nicht nötig, dass der Nutzer ein ganzes Wort eingeben muss, da er sinnvolle Vorschläge von der App geliefert bekommt. [44]

Gerätespezifische Funktionen sinnvoll nutzen

Gerätespezifische Funktionen sinnvoll nutzen bedeutet, dass die App auf den Lagesensor achten muss, und somit das Drehen der App von Hochformat auf Querformat automatisch anpasst.

Auch gängige Touch-Gesten sollten umgesetzt werden. Die Tatsache, dass die Geräte nahezu permanent online sind, kann genauso verwendet werden wie die meist vorhandene Kamera. [44]

Die App (frühzeitig) mit Nutzern testen

Dies gilt für jede Software, welche eine gute Usability aufweisen sollte, nicht nur für Apps. Die App sollte intensiv von echten Nutzern getestet werden. Und das Feedback der User soll auch in die weitere Entwicklung der Software eingearbeitet werden. Am besten sollten diese Tests nicht nur unter Laborbedingungen passieren, sondern in einem natürlichen Umfeld. [44]

KAPITEL 4

App Generierung

Nachdem die Android-SDK und Design Richtlinien vorgestellt wurden, behandelt dieses Kapitel alternative Entwicklungsmöglichkeiten. Dafür wird eine Kamera-App mithilfe dieser Methoden umgesetzt und die Vor- und Nachteile diskutiert. Dabei wird auch die Frage beantwortet, ob es sich dabei um richtige Alternativen oder nur um Ergänzungen zur Android-SDK handeln kann.

4.1 Projektbeschreibung

Um gleiche Voraussetzungen zu schaffen, gilt dieselbe Projektbeschreibung für alle Implementierungen. Dabei werden auch gerätespezifische Funktionen berücksichtigt. Da es allerdings vorkommen kann, dass manche Entwicklungsmethoden spezielle Funktionen nicht unterstützen, sollte die folgende Beschreibung als Zielspezifikation verstanden werden, von welcher in begründeten Fällen auch etwas abgewichen wird.

Es soll eine einfache Kamera Applikation umgesetzt werden. Dafür zeigt der Hintergrund der App das aktuelle Kamerabild an. Mit dem Auslösen Button, soll das aktuelle Bild auf der SD-Karte gespeichert werden. Wobei die Speicherung nicht im DCIM[1]-Ordner[2], sondern in einem eigenen Ordner für die App im Pictures Bereich, erfolgen soll. Diese Abkoppelung der Ordner soll die Bilder der Apps nicht mit den eigentlichen Kameraaufnahmen durcheinanderbringen. Damit werden auch andere Apps, die bei einer Kameraaufnahme automatisch im Hintergrund aktiv werden[3], nicht ausgeführt und es bleibt eine Abschottung der Ergebnisse erhalten.

Außerdem soll es die Möglichkeit geben, eine Auflistung der aufgenommenen Fotos anzuzeigen. Es ist nicht nötig, diese aufgelisteten Bilder in irgendeiner Form zu verändern. Es reicht die Auflistung mithilfe von kleineren Darstellungen der Bilder in einem scroll-baren Container.

---

[1]Digital Camera Images
[2]Der Standard-Ordner für Kameraaufnahmen
[3]zum Beispiel: Google+ Instant Upload von Fotos

Abbildung 4.1: Kamera Activity der Referenzimplentierung

4.2 Android SDK (Referenz)

Wie schon im zweiten Kapitel angesprochen handelt es sich bei der Umsetzung einer App mithilfe der Android SDK um die gängigste Form der Entwicklung. Diese Programmierung führt zu nativen Apps, welche sehr viele Möglichkeiten bieten. Die Programmierung basiert auf der Programmiersprache JAVA mithilfe einer Android-Plattform und den ADT[4] in Eclipse.

Im Folgenden werden die Inhalte der wichtigsten Dateien besprochen. [29] [31]

---

[4] Android Development Tools

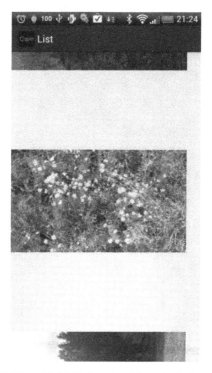

Abbildung 4.2: List Activity der Referenzimplentierung

AndroidManifest.xml

Das Android-Manifest beschreibt die grundlegenden Eigenschaften der App. So ist in dieser Datei die minimale SDK-Version festgelegt (in dieser App ist sie 9 um eine große Kompatibilität mit den vorhandenen Android-Geräten gewährleisten zu können[5]).

```
<uses-sdk
        android:minSdkVersion="9"
        android:targetSdkVersion="15" />
```

---

[5]Informationen zur aktuellen Verbreitung findet sich: http://developer.android.com/about/dashboards/index.html

Außerdem werden in diese Datei die Berechtigungen festgelegt. In dieser App sind zwei nötig: Einmal für den Zugriff auf die Kamera und einmal für das Schreiben auf der SD-Karte.

```
<uses-permission android:name="android.permission.CAMERA" />
<uses-permission android:name="android.permission.
    WRITE_EXTERNAL_STORAGE" />
```

Der letzte Bereich der Datei beschreibt die Activities der Application und die Hierarchie dieser. Die Hierarchie wird für den Up-Button in der Navigation benötigt. In dieser App gibt es zwei Activities, wobei die CameraActivity die Haupt-Aktivität ist und die ListActivity (listet die Fotos im Container auf) in der Hierarchie unter dieser steht.

```
<activity
      android:name=".CameraActivity"
      android:label="@string/title_activity_camera" >
      <intent-filter>
          <action android:name="android.intent.action.MAIN" />

          <category android:name="android.intent.category.
              LAUNCHER" />
      </intent-filter>
</activity>
<activity
      android:name=".ListActivity"
      android:label="@string/title_activity_list" >
      <meta-data
          android:name="android.support.PARENT_ACTIVITY"
          android:value="at.tuwien.doberhumer.bachcam.
              CameraActivity" />
</activity>
```

CameraActivity

Die CameraActivity behandelt die Kamerafunktion. Dafür wird zuerst in einer XML-Datei die Oberfläche definiert. Diese besteht hauptsächlich aus einer *SurfaceView*. Überlappt wird diese View von einem Container mit zwei Buttons am unteren Rand. Diese beiden Buttons dienen dem Auslösen der Kamera beziehungsweise dem Wechseln in die ListActivity.

Um das Projekt kompakt zu halten, und weniger Klassen zu benötigen kümmert sich die Activity selbst um die Behandlung aller Events, welche in ihr auftreten. Dadurch muss sie die Interfaces SurfaceHolder.Callback und OnClickListener implementieren. Der OnClickListener bringt eine Methode in die Aktivität, welche auf die Klicks auf die Buttons reagieren soll. Dafür werden die Klicks ihrer Herkunft nach eingestuft und entsprechend löst entweder die Kamera aus, oder die Activity wird mithilfe eines Intents gewechselt. Im Fall einer Kameraaufnahme muss ein PictureCallback das Speichern übernehmen. Abschließend wird, um den User von der erfolgreichen Aktion benachrichtigen zu können, eine Toast-Nachricht eingeblendet.

```
public void onClick(View v) {
    if(v.getId() == R.id.capbutton){
        PictureCallback mPicture = new PictureCallback() {
        @Override
        public void onPictureTaken(byte[] data, Camera camera) {
            File pictureFile = getOutputFile(); //erstellt Filename
            try {
                FileOutputStream fos =
                        new FileOutputStream(pictureFile);
                fos.write(data);
                fos.close();
            } catch (FileNotFoundException e) {
                Toast.makeText(null, "Fehler 1",
                        Toast.LENGTH_SHORT).show();
            } catch (IOException e) {
                Toast.makeText(null, "Fehler 2",
                        Toast.LENGTH_SHORT).show();
            }
        }};
        camera.takePicture(null, null, mPicture);
        Toast.makeText(this, "Foto gespeichert",
                Toast.LENGTH_SHORT).show();

    }else if(v.getId() == R.id.listbutton){
        Intent i = new Intent(this,ListActivity.class);
        startActivity(i);
    }
}
}
```

Das SurfaceHolder.Callback Interface ist nötig, damit auf das SurfaceElement der Oberfläche die Kameravorschau platziert und auch auf Rotationen des Geräts reagiert werden kann.

ListActivity

Die XML-Beschreibung der Oberfläche für die ListActivity ist sehr einfach. So gibt es nur eine ScrollView, in welcher sich ein linearer Container befindet. Die Bilder werden dynamisch zur Laufzeit in der onCreate Methode der Aktivität von der SD-Karte ausgelesen und in den linearen

Container eingefügt. Dafür wird in einer Schleife für jede Datei eine ImageView angelegt und an der View angehängt.

```
String[] filenames=mediaStorageDir.list();
for(String s : filenames)
{
        File f=new File(mediaStorageDir.getPath() +
                File.separator + s);
        ImageView iv=new ImageView(this);
        Bitmap bitmap = BitmapFactory.decodeFile(f.getPath());
        iv.setImageBitmap(bitmap);
        linlayout.addView(iv, 500, 500);
}
```

4.3 (Native) WebApps

Neben der Entwicklung einer nativen App gibt es prinzipiell noch die Möglichkeit, dass der Inhalt der App über einen Browser angezeigt wird. Diese browserbasierten Apps nennen sich WebApps. Dabei kann der gesamte Inhalt der Applikation aus dem Web geladen und die App auf eine Browser-Komponente reduziert werden. Oder es werden nur einzelne Inhalte aus dem Internet geladen. Wichtig könnte dies vor allem für Inhalte sein, deren Änderung unmittelbar auf allen Installationen angezeigt werden soll. Wenn der Entwickler den Inhalt auf den Server ändert, wird es bei den Nutzern sofort in der aktuellen Version angezeigt. Im Besonderen ist dies für Nutzungsbedingungen oder AGBs interessant. [30]

Der Vorteil ist, dass der Inhalt der App somit über Geräte- und Systemgrenzen hinweg ohne weitere Anpassung angeboten werden kann. Doch funktioniert dies nur zielführend mit Inhalts-basierten Apps. Sobald auf gerätespezifische Funktionen zugegriffen werden muss, wird es schwer oder gar unmöglich mit reinen WebApps auszukommen. Außerdem verlockt diese Entwicklungsmöglichkeit zu einer *Write once - run everywhere* Haltung. Doch wie bereits im Kapitel 3 besprochen wurde führt dies dazu, dass der Entwickler das Look and Feel des Systems vernachlässigt: So haben Komponenten (wie Buttons) auf Android andere Designprinzipien wie unter iOS. WebApps verführen allerdings dazu, dass dies nicht mehr berücksichtigt wird und auf allen Systemen dieselbe Version angeboten wird. So wie auch eine Webseite von allen Geräten gleich aussieht. WebApps sind aber keine Webseiten sondern nur eine andere Bezugsmöglichkeit für den Inhalt von Apps und sollten sich daher in das System integrieren.

Bei WebApps ist besonders auf die verwendeten Technologien zu achten. So lassen sich durch HTML5[6] und CSS3[7] viele Funktionen einer nativen App nachbilden. Da dabei die Ober-

---

[6]Hypertext Markup Language
[7]Cascading Style Sheets

fläche und das Verhalten der App entsprechend nachgeahmt werden können. In dieser Arbeit wird allerdings nicht auf die Vorzüge dieser neuen Versionen eingegangen [8].

Doch auch damit bleibt der Nachteil, dass die App nicht auf Gerätefunktionen zugreifen kann. HTML und CSS beschreiben nur den Inhalt und dessen Aussehen. Die einzige Möglichkeit Interaktionen zu ermöglichen ist mithilfe von JavaScript. Und dies wird auch benötigt, um die Kamera-App umsetzen zu können. Allerdings bietet reines JavaScript noch keine Möglichkeit, um auf das Filesystem der SD-Karte oder auf die Kamera zugreifen zu können. Dafür ist ein Framework notwendig. Mithilfe dieses Frameworks kann eine WebApp dann mehr oder minder direkt auf das Gerät zugreifen. Der Vorteil des Frameworks ist, dass die JavaScript-Bibliotheken, welche für den Zugriff auf die Funktionen benötigt werden, die unterschiedlichen Systeme abstrahiert. Dadurch lässt sich derselbe JavaScript Code im Framework für Android oder für iOS verwenden. Und die Apps lassen sich danach sogar in den Stores der jeweiligen Anbieter vermarkten. Eine WebApp, welche Mithilfe eines Frameworks als native App erstellt wurde, wird als native WebApp bezeichnet. [45]

PhoneGap

Bei PhoneGap handelt es sich um ein solches angesprochenes Framework für WebApps welches neben iOS und Android auch noch einige weitere Systeme unterstützt. Allerdings wird nicht für jedes System jede Funktion bereitgestellt [9]. Dieses Framework ist open-source und kostenfrei. [57] [58]

Für die Entwicklung mithilfe von PhoneGap ist wie bei der Referenzimplementierung Eclipse mit der Andorid-SDK und den ADT-Plugin nötig. Es wird auch ganz normal ein Projekt erzeugt. Allerdings muss zusätzlich die PhoneGap Library in den Build Path eingebunden werden. Im Folgenden werden wieder die Dateien des Projektes besprochen:

Activity

Die Activity-Datei bekommt bei diesem Framework eine untergeordnete Rolle. So wird diese nicht mehr von Activity, sondern von DroidGap (aus der PhoneGap Library) abgeleitet. Statt ein Design hier festzusetzen, wird die Aktivity nur verwendet, um die index.html zu laden. Es wird also der Link zur Web-Quelle gesetzt. Da dieses Projekt vollständig offline funktioniert, ist auch der Link auf einen Projektordner. Es wäre aber auch möglich, hier auf eine Online-Quelle zu verweisen. [56]

```
super.loadUrl("file:///android_asset/www/index.html");
```

---

[8]Für Interessierte gibt es hier einen Überblick in einer interaktiven Präsentation: http://html5rocks.multimediatechnology.at

[9]Eine Auflistung über die unterstützten Funktonen pro System: http://www.phonegap.com/about/feature

Abbildung 4.3: PhoneGap Implementierung

AndroidManifest.xml

Die wichtigsten Änderungen im Manifest betreffen hier die Berechtigungen. Jede PhoneGap-App benötigt das Recht um Informationen über die Netzwerkverbindungen abrufen zu können. Da die Aufnahme der Bilder über Intents an eine andere App delegiert wird, wird das Recht bezüglich des Zugriffs auf die Kamera nicht benötigt. Der Schreibzugriff auf der SD-Karte wird aber auch von dieser Methode benötigt. Damit ergeben sich auch bei dieser Methode zwei nötige Berechtigungen.

```
<uses-permission android:name="android.permission.
            WRITE_EXTERNAL_STORAGE" />
<uses-permission android:name="android.permission.
```

index.html

Um das Projekt einfach zu halten, befindet sich die gesamte Funktionalität in einer HTML-Datei. Diese könnte über das Internet bezogen werden, dann würde die App aber zusätzlich die Berechtigung für den Internetzugriff benötigen. Diese HTML-Datei beinhaltet lediglich einen Button und einen Div-Bereich. Der Div-Bereich soll als Liste für die aufgenommenen Bilder dienen. Dafür wird beim Starten der Webseite bereits der JavaScript Code ausgeführt. Mit folgendem Code wird der Startpunkt definiert:

```
document.addEventListener("deviceready", onDeviceReady, false);
```

Dieser EventListener hängt sich ein, und startet die Funktion onDeviceReady sobald die Webseite bereit ist.

Diese Funktion onDeviceReady kümmert sich darum, dass aus dem Verzeichnis *file:///mnt/sdcard/Pictu BachCam* alle Bilder ausgelesen und im Div-Bereich der Webseite angehängt werden. Dieses Verzeichnis wurde bereits bei der Referenzimplementierung verwendet und soll als spezieller Ordner für diese App dienen. Dabei wird für jede Datei in diesem Ordner ein img-Element mit einem src-Attribut zu dieser Datei im Div-Bereich angehängt. Um die Größe einzuschränken, bekommen alle Bilder eine vordefinierte Höhe und Breite. [54]

```
for (i=0; i<entries.length; i++) {
    var mysrc = document.createAttribute("src");
    mysrc.nodeValue = entries[i].fullPath;
    var myw = document.createAttribute("width");
    myw.nodeValue = "100";
    var myh = document.createAttribute("height");
    myh.nodeValue = "100";
    var myimg = document.createElement("img");
    myimg.setAttributeNode(mysrc);
    myimg.setAttributeNode(myw);
    myimg.setAttributeNode(myh);

    list.appendChild(myimg); //list ist der Div-Bereich
}
```

Da eine Aufnahme nicht direkt aus der App möglich ist, ruft der Aufnahme-Button die Standard-Kamera-App auf. Mit dieser Standard-App kann der Nutzer ein Foto schießen. In dieser App ist es nicht möglich, dass der Nutzer den Kamera-Modus verlässt (und zum Beispiel in einen Video-Modus wechselt). Dies wird per Intent verhindert. Die Standard-Kamera-App wird

27

nur für das Aufnehmen eines Fotos verwendet. Das Bild wird nachher zurück an den JavaScript Code übergeben. Welcher diese Datei in den oben angeführten Ordner verschiebt und den Div-Bereich wieder aktualisiert. [55]

```
ff.moveTo(direntry, name, successimg, fail);
```

Dieser moveTo Befehl ist eine Methode des FileEntry Objektes ff. Der erste Parameter direntry ist das Zielverzeichnis und name ist der neue Name der Datei im Zielverzeichnis. Damit lässt sich diese Methode auch zum Umbenennen einer Datei nutzen. Die zwei Methoden successimg beziehungsweise fail werden nach der Methode ausgeführt, je nachdem ob das Verschieben erfolgreich war oder zu einem Fehler führte. [54]

Titanium

Eine weitere Möglichkeit um in WebApps auf native Geräteelemente zugreifen zu können bietet das Framework Titanium von appcelerator[10]. Für Titanium schreibt der Entwickler in erster Linie in JavaScript, optional können auch HTML und CSS verwendet werden. Aus diesem Code erzeugt Titanium selbstständig Apps für iOS[11] und Android. Darüber hinaus kann Titanium auch eine Webseite aus dem Code erzeugen, womit der Inhalt der App auch von jedem weiteren Gerät online abrufbar ist. [62]

Um all diese Funktionen bereitstellen zu können, wird eine eigene Entwicklungsumgebung, namens Titanium Studio, angeboten. Diese Software basiert auf Eclipse und wurde speziell auf das Titanium SDK und die Generatoren für Apps und Webpage angepasst. So eignet sich diese Entwicklungsumgebung ideal für den Einsatz bei Titanium. Bei den Einstellungen muss der Pfad zur Android-SDK und NDK eingestellt werden, damit dieses Programm im Build Prozess auch die Android Apps erzeugen kann. [63]

Erstellen einer App mit Titanium

Das Erstellen einer App mithilfe von Titanium Studio ist relativ einfach. So erstellt der Entwickler nur ein *Titanium Mobile Project*. Dabei erfragt der Software-Assistent, für welche Plattformen (zum Beispiel Android und Web) die neue App entwickelt werden soll. Daraufhin kann der Entwickler noch ein Template wählen, um nicht ganz von vorne beginnen zu müssen. [61]

Im Projektverzeichnis werden sofort einige Ordner und Dateien angelegt. So gibt es Top-Level den Ordner *i18n*, welcher für die Internationalisierung der Sprachdateien benötigt wird. Im anderen Ordner *Resources* befinden sich unter anderem für jede Zielplattform ein Unterordner und ein allgemeiner Unterordner. Sollte auf Ressourcen verlinkt werden, überschreiben jene im plattformspezifischen jene im allgemeinen Ordner. Auch unterstützt diese Struktur die unterschiedlichen Displayauflösungen der Android-Geräte. So können unterschiedliche Bilder für

---

[10]Download hier: `http://www.appcelerator.com/platform/titanium-sdk`
[11]nur auf einen Mac Rechner

die unterschiedlichen Auflösungen verwendet werden und die Zuweisung erfolgt vollkommen automatisch. Auch lassen sich die JavaScript Dateien für einzelne Plattformen adaptieren, um auf jeder Plattform die ideale Umsetzung anbieten zu können. Als Einstiegspunkt in der Entwicklung dient die app.js-Datei im Resources-Ordner. Diese Datei erzeugt das Startfenster. [61]

Durch diese Adaptionen für jede Plattform soll unter anderen der write once - run everywhere Ansatz vermieden werden. Manche Punkte dieses schlechten Ansatzes beseitigt Titanium von ganz alleine. So werden die Oberflächenelemente, welche mithilfe der Titanium SDK in JavaScript erzeugt werden, je nach Zielplattform unterschiedlich dargestellt. So dass die Nutzer auf den jeweiligen Plattformen ihr gewohntes Look and Feel beibehalten können. [61]

tiapp.xml

Die tiapp.xml-Datei im Basisordner des Projektes ist vergleichbar mit dem Android-Manifest bei der klassischen Entwicklung mithilfe des Android-SDKs. Die in der tiapp-Datei festgelegten Daten benötigt das Titanium-SDK um funktionieren zu können. Auch können weitere Module eingestellt werden. Diese Module verkörpern weitere Bibliotheken für die Entwicklung mit Titanium. Neben der ID der App und der Versionsnummer wird in der tiapp.xml auch die Version des Titanium SDK eingestellt.

View

In der für diese Arbeit verfassten App wird eine View angelegt, welche zwei Buttons besitzt. Diese Buttons werden mit den Funktionen für das Darstellen der Bilder und die Aufnahme eines Fotos verbunden. Diese Funktionen heißen openGallery beziehungsweise fireUpTheCamera. Der Konstruktor dieser FirstView ist folgender Code Ausschnitt:

```
function FirstView() {
    var b1 = Titanium.UI.createButton({
        title:'Capture Image',
        height:50,
        width:200,
        top:10
    });
    b1.addEventListener("click", fireUpTheCamera);
    self.add(b1);

    var b2 = Titanium.UI.createButton({
        title:'Photo Gallery',
        height:50,
        width:200,
        top:80
    });
    b2.addEventListener("click", openGallery);
```

Abbildung 4.4: Titanium Implementierung

```
self.add(b2);

    return self;
}
```

Kamera Aufnahme

Wie auch bei PhoneGap ist es nicht möglich, direkt eine Kameraaufnahme zu starten. Sondern es ist nötig einen Intent an die Standard-Kamera-App zu schicken und danach das Foto zu verarbeiten. Dafür wird *Titanium.Media.showCamera* mit den in der SDK verlangten Daten befüllt. Für diese Arbeit erwähnenswert ist, dass es nicht möglich ist, einen festen Ordner vorzugeben. Bei weiteren Überlegungen erscheint dies auch sinnvoll zu sein, da Titanium sehr verschiedene Plattformen automatisch abdecken will. Dadurch existiert nur der Zugriff auf Standard Ordner über die Titanium SDK. Aber der Zugriff auf einen anderen beliebigen Ordner ist nicht ohne Weiteres möglich. Daher werden die Bilder bei dieser App im DCIM-Ordner gespeichert. Mithilfe der Einstellung saveToPhotoGallery:false werden diese Fotos zumindest in einen eigenen Unterordner gepackt und damit von der eigentlichen Kamera abgetrennt.

Foto Übersicht

Um zu der Übersicht der Bilder zu gelangen, muss wieder nur ein Objekt der SDK mit den benötigten Daten gefüllt werden. Es handelt sich dabei um das Objekt *Titanium.Media.openPhotoGallery*. Und auch hier rächt sich die Plattform-Unabhängigkeit. So bietet diese Standardgalerie keine Möglichkeit direkt einen beliebigen Ordner anzuzeigen. Sondern liefert alle Alben, welche am Gerät vorhanden sind.

Der Build Prozess

Im Build Prozess werden die Dateien entsprechend zu den Apps der gewünschten Plattformen zusammengefügt und befinden sich im Projektordner unter build. So wurde dabei eine unsignierte APK-Datei für Android angelegt. Welche nur noch signiert werden müsste, um in den Play Store geladen werden zu können. Das implizit erstellte AndroidManifest verlangte für diese App keine Berechtigungen, da alle Funktionen nur über Intents an andere Applikationen am

30

Gerät delegiert werden. Diese APK-Datei ist allerdings um ein Vielfaches größer als bei den anderen Methoden. Die APK-Datei hat etwa 8 MB und dies liegt an den Bibliotheken, welche von Titanium mitgeliefert werden.

4.4 Adobe AIR

Adobe kündigte im Februar 2008 eine Technologie an, welche den Einsatz von Webtechnologien für Desktopanwendungen ermöglichen soll. Es sollte also mit HTML, CSS, JavaScript und vor allem Adobe Flash vollständige Programme für (fast) jedes Betriebssystem entwickelt werden können. Der Begriff AIR steht dabei für *Adobe Integrated Runtime*, damit handelt es sich um eine integrierte Laufzeitumgebung. Dies bedeutet, dass die Ausführung des Programmes in einer eigenen Umgebung läuft. Diese Umgebung muss am eigentlichen System installiert sein, damit ergibt sich die Plattformunabhängigkeit für alle Plattformen für welche eine Laufzeitumgebung verfügbar ist. Mithilfe von *ActionScript* wurde auch eine Programmiersprache mitgeliefert. Diese Sprache bietet nur grundsätzliche Bibliotheksfunktionen. Das *Adobe Flex SDK* ist ein Framework basierend auf ActionScript und erweitert diese Sprache. [42]

Für die Lauffähigkeit einer AIR-App auf einen Android-Gerät muss die Laufzeitumgebung am Gerät installiert sein. Diese befindet sich unter anderem im Play Store [12]. Sollte die Anwendung auf weiteren Geräten lauffähigen sein, muss auch auf diesen die entsprechende Umgebung installiert sein[13].

Für die Umsetzung stehen mehrere Möglichkeiten offen. So existieren verschiedene Entwicklungsumgebungen und Technologien für die Implementierung. Für diese Arbeit wurde die App mithilfe der Entwicklungsumgebung Flash Builder in der zeitlich beschränkt nutzbaren Testversion[14] verwendet. Flash Builder basiert auf Eclipse und ist dadurch wie gewohnt zu bedienen. Als Entwicklungstechnologie wird für diese Arbeit ActionScript mit der Adobe Flex SDK[15] verwendet. Die Flex SDK ist kostenfrei und steht als Open Source zur Verfügung. Sollte auf dieses Framework verzichtet werden, wird zumindest die AIR SDK[16] benötigt. Adobe Flex SDK beinhaltet eine Version des AIR SDK [2]. Wodurch der Download beider Kits nicht notwendig ist. [43]

Erstellen der App

Nachdem die oben angeführten Programme vorhanden sind, kann im Flash Builder ein neues *Flex Mobilprojekt* angelegt werden. Der Projekterstellungsassistent möchte die Flex SDK kennen und fragt im zweiten Schritt die Einstellungen für die App ab. So kann als Zielplattform Android ausgewählt und die Berechtigungen sowie die StartView festgelegt werden. Der Assistent erledigt daraufhin die Erstellung des Projektes mit den gewählten Einstellungen.

---

[12]Direktlink: https://play.google.com/store/apps/details?id=com.adobe.air
[13]Download: http://get.adobe.com/de/air/
[14]Download: https://www.adobe.com/cfusion/tdrc/index.cfm?product=flash_builder
[15]Download: http://sourceforge.net/adobe/flexsdk/wiki/Downloads/
[16]Download: http://www.adobe.com/devnet/air/air-sdk-download.html

Der Projektordner enthält den src Ordner für die Source Dateien und einen bin-debug Ordner, welcher die kompilierten Anwendungen enthält. Im src Ordner existiert eine Datei, deren Name mit dem Projektnamen beginnt und danach mit -app.xml endet. Diese Datei beschreibt das Programm und deren Funktionen. So beinhaltet diese Datei die Namen der Anwendung und die Versionsnummer. Am unteren Ende der Datei befindet sich das Android-Manifest. Hier könnte direkt das Manifest verändert werden. Bei dieser Arbeit wird es nur verwendet, um die Berechtigungen festzulegen. Neben den Berechtigungen für CAMERA und WRITE_EXTERNAL_STORAGE wird bei einer AIR-Anwendung die Berechtigung INTERNET vorausgesetzt. Da ohne dieses Internet-Recht die App nicht debugbar wäre.

Die weitere Funktionalität wird in .ac-Dateien in ActionScript festgelegt. Im Folgenden wird auf diese Funktionen eingegangen.

Die Oberfläche

Da Buttons bei ActionScript keine textuelle Beschriftung besitzen, dienen TextFields als Alternative. Diese Text-Felder besitzen ein Klick Event und können somit wie Buttons ausgelöst werden. Optisch entspricht dies allerdings überhaupt nicht der Android Design Guideline. Doch auch die Buttons in dieser Entwicklungsform haben nicht viel mit den Android Buttons gemeinsam und widersprechen somit auch diesen Richtlinien. Unter diesen beiden TextFields ist ein Video Objekt, welches die Vorschau der aktuellen Kamera beinhaltet.

```
var camera:Camera = Camera.getCamera();
var video:Video = new Video(w, h);
video.x = 20;
video.y = 160;
video.attachCamera(camera);
addChild(video);
```

Dabei wird die primäre Kamera mit .getCamera() an ein Objekt camera gebunden. Das Objekt video wird mit der Größe w und h (Breite und Höhe) erzeugt und an eine bestimmte Position verschoben. mit video.attachCamera(camera) wird die primäre Kamera diesem Objekt zugeordnet und mit dem abschließenden Befehl addChild(video) wird dieses Videoobjekt sichtbar auf der aktuellen View angezeigt und dient als Vorschau der Kamera.

Reagieren auf Lagesensor

Auch wenn in der XML-Datei autoOrients auf true gesetzt ist, muss sich der Entwickler selber um die Darstellung kümmern. Dafür wird ein EventListener benötigt.

```
stage.addEventListener(StageOrientationEvent.ORIENTATION_CHANGE
    , onOrientationChanging);
```

Abbildung 4.5: Adobe AIR Implementierung

Das stage Objekt ist die aktuelle Bühne, auf welcher die Objekte präsentiert werden können. Diese wird von der Basisklasse Sprite geerbt und ist in der abgeleiteten Klasse sichtbar vorhanden. Wenn dieses Objekt die Änderung der Orientierung wahrnimmt, wird die Funktion onOrintationChanging aufgerufen. Diese Methode ruft die aktuelle Höhe und Breite des Bildschirmes ab und weißt die neue Größe den Objekten zu.

Kameraaufnahme

Das Testgerät reagierte nicht, wenn den TextFields Touch-Events zugeordnet wurden. Allerdings funktionierte es mit den Mouse-Events. Dadurch ist den TextFields jeweils eine Funktion zu MouseEvent.MOUSE_UP zugeordnet. Dies entspricht den Zeitpunkt, wenn der Mausklick vorbei ist, beziehungsweise wenn der Finger das Touch-Gerät verlassen hat.

33

Die Aufnahme kann grundsätzlich selber mit der Berechtigung WRITE_EXTERNAL_STORAGE geschrieben werden. Dafür muss ein Bitmap Objekt das aktuelle Bild der Videowand abspeichern. Dieses wird anschließend als JPG-Datei kodiert und mithilfe des FileStreams auf eine beliebige Stelle der SD-Karte gespeichert. [9]

```
//Abspeichern des Bitmap
var bitmapdata:BitmapData=new BitmapData(320,240);
bitmapdata.draw(video);
var byteArray:ByteArray= byteArray = jpg.encode(bitmapdata);

//Dateiname
var date:Date=new Date();
var fileName:String = "air_" + date.fullYear +"."+ date.month +
             "."+ date.date +" "+ date.hours +":"+ date.minutes +
             ":"+ date.seconds + ".jpg";

//Datei speichern
var dir:File=new File("file:///mnt/sdcard/Pictures/BachCam");
var file:File=dir.resolvePath(fileName);
var fs:FileStream = new FileStream();

fs.open(file,FileMode.WRITE);
fs.writeBytes(byteArray);
fs.close();
```

Für die Codierung das jpg-Objekt ist vom Typ com.adobe.images.JPGEncoder. Diese Klasse befindet sich bei der Action Script Core Library[17]. Zur Einbindung dieser Bibliotheken muss diese nur in den src-Ordner des Projektes kopiert werden.

Eine deutlich einfachere Methode wäre mithilfe eines Intents. Das dafür vorhandene Objekt nennt sich CameraRoll und speichert die Aufnahme im DCIM-Ordner als normale Kameraaufnahme. Weitere Änderungen sind nicht möglich. Dafür wird der Code für diese Operation deutlich einfacher. [1]

```
var bitmapdata:BitmapData=new BitmapData(320,240);
bitmapdata.draw(video);
cr.addBitmapData(bitmapdata);
```

Wobei cr das CameraRoll Objekt ist.

---

[17]Download: https://github.com/mikechambers/as3corelib

Foto Übersicht

Der Versuch diese Liste aufzubauen, indem alle Bilder aus dem Ordner angezeigt werden, ging schief. Es ist zwar sehr einfach möglich, über die Dateien zu iterieren. Doch fand sich kein funktionierender JPG-Decoder. Dadurch konnten die Dateien nicht mehr angezeigt werden. In der Core Library werden nur Encoder geliefert, aber keine Decoder. Andere freie Decoder[18] funktionieren nur in vollwertigen Flex Anwendungen und nicht für Mobilprojekte. Dadurch ruft diese Funktion in der App für diese Arbeit nur die PhotoGallery auf, welche von Titanium bereits bekannt ist. [1]

```
cr.browseForImage();
```

Wobei cr das CameraRoll Objekt ist.

Die fertige App

Im bin-debug Ordner des Projektverzeichnisses befinden sich die erstellten Dateien. Diese werden mit jeden Build erneuert. Für Android interessant ist die APK-Datei. Diese ist nicht von anderen Android Apps zu unterscheiden und benötigt dennoch die AIR-Laufzeitumgebung am Gerät. Auch lässt sich (nachdem die Datei signiert wurde) diese in den Play Store laden und dort vermarkten. Dies führt dazu, dass bei Apps im Store nicht erkennbar ist, welche Adobe AIR benötigen und welche nicht. Daher ist es wichtig, in der App Beschreibung zu vermerken, dass Adobe AIR für die Nutzung der App vorausgesetzt wird.

4.5 Inhaltsbasierte Generatoren

Inhaltsbasierte Generatoren sind nur für sehr einfache Apps anwendbar. Doch bei dieser Art kann viel Zeit gespart werden. Es handelt sich im Allgemeinen um WYSIWYG[19]-Editoren, welche am Ende fertige APK-Dateien für den Google Play Store erzeugen. Es ist kein technisches Wissen notwendig, um diese Editoren bedienen zu können. Es existieren viele weitere Generatoren dieser Art, doch soll in dieser Arbeit nur exemplarisch beschrieben werden, was in dieser Richtung möglich ist. Dafür werden wenige Beispiel-Generatoren ausgewählt und kurz beschrieben. Für die Kamera App dieser Arbeit sind diese inhaltsbasierten Generatoren allerdings ungeeignet, da sie keine Möglichkeit bieten auf Gerätefunktionen zugreifen zu können.

Andromo

Bei Andromo[20] handelt es sich um einen kostenpflichtigen Generator. Es ist zwar möglich die Daten zu einer App kostenfrei (nach einer Registrierung) einzugeben. Aber um die App schließlich erstellen zu können, wird eine kostenpflichtige Mitgliedschaft benötigt. Dafür gibt es eine

---

[18]zum Beispiel diesen: http://www.bytearray.org/?p=1089
[19]What you see, is what you get
[20]www.andromo.com

umfangreiche Auswahl an Aktivitäten, welche in der App eingebunden werden kann. Und auch das Verknüpfen mit Werbung wird sehr einfach gemacht. [5]

MakeMeDroid

MakeMeDroid[21] kann kostenfrei verwendet werden. Manche Funktionen werden allerdings nur mithilfe von Credits durchgeführt. Eine der kostenpflichtigen Funktionen ist die Möglichkeit, dass an alle Geräte mit der installierten App eine Nachricht gesendet werden kann. Kostenfrei sind allerdings das Designen der App und das Erstellen der APK-Datei. Wodurch sich kostenlos alle nötigen Funktionen bedienen lassen. In den erzeugten Apps wird immer Werbung angezeigt, wobei die Einnahmen zwischen MakeMeDroid und dem Entwickler geteilt werden können. [41]

AppsGeyser

Der Generator von AppsGeyser[22] unterstützt nur die Umrahmung einer Webseite zu einer Android App. Es wird nur eine URL zu einer Website oder der HTML Code eingegeben. In beiden Fällen reicht dies für diese browser- und inhaltsbasierte Entwicklungsmethode.

AppsBar

AppsBar[23] ist vollständig kostenfrei nutzbar. Es stehen viele verschiedene Vorlagen zur Verfügung, welche an den Inhalt der App nur noch angepasst werden müssen. Der Online Emulator lässt sich interaktiv bedienen und somit kann der Designer bereits bei der Erstellung sehen, wie die App am Smartphone aussehen würde. [6]

4.6 Vergleich der Ergebnisse

In diesem Kapitel wurde die Erstellung einer Android App mithilfe verschiedener Technologien beschrieben. Es lässt sich vereinfacht sagen, dass eine Technologie einfacher wird, wenn weniger damit umgesetzt werden kann. Desto umfangreicher die Technologie ist, desto mehr technisches Wissen wird benötigt, um damit eine App erstellen zu können.

Die Kamera App konnte rein nativ nur mithilfe der Andoid SDK umgesetzt werden. Nur auf diese Weise konnten alle Funktionen selbstständig in der App umgesetzt werden, ohne auf fremde Apps zugreifen zu müssen. Die Umsetzung mithilfe von Adobe AIR kommt sehr nahe daran ran. Allerdings fehlte eine vernünftige Möglichkeit die Bilder decoden zu können, wodurch auch dabei auf die Photo Gallery via Intent zugegriffen wurde. Die Nativen Web Apps (PhoneGab und Titanium) bieten zwar Zugriff auf gerätespezifische Funktionen, doch basieren alle auf Intents. Und die abschließende Gruppe von inhaltsbasierten Generatoren kann die Kamera App beim besten Willen nicht umsetzen.

---

[21]www.makemedroid.com
[22]www.appsgeyser.com
[23]www.appsbar.com

Funktion	Android SDK	PhoneGap	Titanium	Adobe AIR	Inhaltsbasiert
Kameravorschau (im Hintergrund)	✓	x	x	✓	x
Auslösen Button	✓	✓I	✓I	✓	x
Speichern in spez. Ordner	✓	✓	✓I	✓	x
	✓	✓	x	✓	x
Liste mit Fotos	✓	✓	✓I	✓I	x

Tabelle 4.1: Übersicht der unterstützten Funktionen

Diese Tabelle zeigt übersichtlich, welche Funktion von welcher Technologie möglich war. Dabei bedeutet ✓, dass es möglich war. Der Vermerk auf ein I bedeutet, dass es nur via Intent möglich ist und damit die Funktion an eine andere App übergeben wird. Das x zeigt an, welche Funktionen nicht möglich waren.

4.7 Versionen

Im Folgenden eine Auflistung der Programmversionen, welche für die Erstellung der Apps verwendet wurden.

- JAVA 6
- Eclipse Juno
- Android SDK 20
- ADT 20
- PhoneGap 2.0.0
- Titanium SDK 2.1.1 GA
- Titanium Studio 2.1.1.201207271312
- Adobe AIR 3.4
- Adobe AIR SDK 3.4
- Adobe Flex SDK 4.6.0
- Adobe Flash Builder 4.6.0 Trial
- Testgerät: HTC Sensation mit Android 4.0.3

KAPITEL 5

Fazit

In der Einleitung wurde die Erörterung der effizienten Entwicklung von Android Apps als Ziel dieser Arbeit formuliert. Erreicht wurde diese Argumentation mithilfe der Vorstellung einiger gängiger und wichtiger Tools. Diese Tools erleichtern die Arbeit des Entwicklers und sichern die Qualität der Software durch Minimierung der Fehler. Natürlich ersetzen diese Programme keinen strukturierten Entwicklungsprozess. Wenn der Code ohne Struktur geschrieben wurde, so können die besten Tools nur das Schlimmste verhindern, die mangelnde Struktur bleibt.

Doch war es kein Ziel dieser Arbeit, auf die verschiedenen Entwicklungsprozesse einzugehen. Da die Auswirkung dieser Prozesse auf jede Softwareentwicklung ähnlich ist. Diese Arbeit befasste sich mit den Besonderheiten der Entwicklung für mobile Endgeräte und im Besonderen für die Plattform Android. Die vorgestellten Designrichtlinien zeigen die Gemeinsamkeiten und Unterschiede bei der Entwicklung für allgemeine mobile Endgeräte beziehungsweise für Android. So besitzt die Android-Plattform ein ganz eigenes Look and Feel, welches nicht mit jenen einer anderen Plattform nachgeahmt werden sollte. Der Nutzer sollte auf Gelerntes über die Grenzen der Apps hinweg setzen und sich ähnlich bewegen können. Für den Nutzer sollte es nicht ersichtlich sein, dass die Apps von anderen Personen entwickelt wurden, als die Plattform selber. Für den Nutzer steht das Erlebnis auf der Plattform im Vordergrund, und nicht wer für die Umsetzung einer App verantwortlich war.

Und dies führt auch zu den App Erzeugungsmethoden. Manche der vorgestellten Methoden vergessen diesen Ansatz. Sie laden den Entwickler ein, die Software einmal zu schreiben und dann auf mehreren Plattformen mit demselben Design zu verbreiten. Dies würde zwar den Aufwand in der Entwicklung reduzieren, widerspricht aber dem Nutzererlebnis mit einer Plattform wie Android. Bei manchen Generatoren wäre mithilfe von CSS dieser Missstand ausgleichbar. Doch erhöht dies den Aufwand bei der Entwicklung. Und damit verblasst der Vorteil dieser Methoden, dass eigentlich Aufwand eingespart werden kann. Der einzige vorgestellte Generator, welcher von sich aus das Design anpasst, ist Titanium. Dieser lässt zum Beispiel Buttons und

Tabs so aussehen, wie diese auf der Plattform erwartet werden. Bei PhoneGap und Adobe AIR hingegen wird eine technisch auf mehreren Plattformen lauffähige App erzeugt, doch wird keine Rücksicht auf die Designunterschiede genommen.

Zusätzlich sind die technischen Möglichkeiten der alternativen Entwicklungsmethoden eingeschränkter. Dies verdeutlicht in dieser Arbeit das Beispiel der Kamera Applikation. Letztlich sind diese Technologien ein interessanter Ansatz für die Entwicklung von Apps, doch eigenen sie sich nicht als vollwertige Alternativen zum Android-SDK. So kann es in manchen Fällen sinnvoll sein, einer Webseite Zugriff auf gerätespezifische Funktionen zu gewähren. Anstelle der Entwicklung einer vollwertigen nativen App, für welche sowohl der Inhalt, Design als auch die Funktionalität neu überlegt werden müsste.

Auch stellt sich die Frage, ob Google nicht noch weiter in diese Richtung gehen wird. Vor der Veröffentlichung von Android 4.0 gab es offiziell keine Android Design Guidelines. Möglicherweise wird Google in seinen Play Store Apps bevorzugen, welche diese Guidelines ideal umgesetzt haben. Sinnvoll wäre dies jedenfalls, da damit das Nutzungserlebnis auf der Plattform vereinheitlicht wird, und damit der Nutzer sich schneller über die App Grenzen hinweg zu Recht findet.

Und um auf Nummer sicher zu gehen, sollten nach Möglichkeit bereits jetzt die Design-Regeln eingehalten werden.

Tabellenverzeichnis

Abbildungsverzeichnis

Literaturverzeichnis

[1] Adobe. `http://help.adobe.com/en_US/FlashPlatform/reference/`
`actionscript/3/flash/media/CameraRoll.html`. Abgerufen am 2012-08-26.

[2] Adobe. `http://helpx.adobe.com/flash-builder/release-note/`
`flex-4-6-sdk-release.html`. Abgerufen am 2012-08-26.

[3] Open Handset Alliance. `http://www.openhandsetalliance.com/press_`
`110507.html`. Abgerufen am 2012-07-12.

[4] Amazon. `http://phx.corporate-ir.net/phoenix.zhtml?c=176060&p=`
`irol-newsArticle&ID=1730033`. Abgerufen am 2012-08-30.

[5] Andromo. `http://www.andromo.com/features`. Abgerufen am 2012-08-28.

[6] AppsBar. `http://www.appsbar.com/how-to-make-an-app/`. Abgerufen am
2012-08-28.

[7] Amazon Appstore. `https://www.amazon.com/gp/feature.html?ie=`
`UTF8&docId=1000626391&ref=sv_mas_6`. Abgerufen am 2012-07-22.

[8] Google Commerce. `http://googlecommerce.blogspot.co.at/2011/11/`
`building-one-wallet-google-checkout-is.html`. Abgerufen am 2012-07-22.

[9] TutToaster Community. `http://www.tuttoaster.com/`
`create-a-camera-application-in-flash-using-actionscript-3/`.
Abgerufen am 2012-08-26.

[10] Android Developer. `http://developer.android.com/design/`
`get-started/creative-vision.html`. Abgerufen am 2012-07-23.

[11] Android Developer. `http://developer.android.com/design/patterns/`
`actionbar.html`. Abgerufen am 2012-07-23.

[12] Android Developer. `http://developer.android.com/design/patterns/`
`navigation.html`. Abgerufen am 2012-07-23.

[13] Android Developer. `http://developer.android.com/design/patterns/notifications.html`. Abgerufen am 2012-07-23.

[14] Android Developer. `http://developer.android.com/design/patterns/pure-android.html`. Abgerufen am 2012-07-23.

[15] Android Developer. `http://developer.android.com/design/style/color.html`. Abgerufen am 2012-07-23.

[16] Android Developer. `http://developer.android.com/design/style/devices-displays.html`. Abgerufen am 2012-07-23.

[17] Android Developer. `http://developer.android.com/design/style/metrics-grids.html`. Abgerufen am 2012-07-23.

[18] Android Developer. `http://developer.android.com/design/style/themes.html`. Abgerufen am 2012-07-23.

[19] Android Developer. `http://developer.android.com/design/style/typography.html`. Abgerufen am 2012-07-23.

[20] Android Developer. `http://developer.android.com/design/style/writing.html`. Abgerufen am 2012-07-23.

[21] Android Developer. `http://developer.android.com/distribute/googleplay/about/distribution.html`. Abgerufen am 2012-07-22.

[22] Android Developer. `http://developer.android.com/distribute/googleplay/about/monetizing.html`. Abgerufen am 2012-07-22.

[23] Android Developer. `http://developer.android.com/distribute/googleplay/about/visibility.html`. Abgerufen am 2012-07-22.

[24] Android Developer. `http://developer.android.com/distribute/googleplay/promote/brand.html`. Abgerufen am 2012-07-18.

[25] Android Developer. `http://developer.android.com/distribute/googleplay/publish/console.html`. Abgerufen am 2012-07-22.

[26] Android Developer. `http://developer.android.com/distribute/googleplay/publish/register.html`. Abgerufen am 2012-07-22.

[27] Android Developer. `http://developer.android.com/distribute/open.html!` Abgerufen am 2012-07-22.

[28] Android Developer. `http://developer.android.com/guide/topics/graphics/2d-graphics.html`. Abgerufen am 2012-07-20.

[29] Android Developer. `http://developer.android.com/guide/topics/media/camera.html`. Abgerufen am 2012-08-04.

[30] Android Developer. `http://developer.android.com/guide/webapps/overview.html`. Abgerufen am 2012-08-07.

[31] Android Developer. `http://developer.android.com/reference/android/hardware/Camera.html`. Abgerufen am 2012-08-04.

[32] Android Developer. `http://developer.android.com/sdk/installing/adding-packages.html`. Abgerufen am 2012-07-19.

[33] Android Developer. `http://developer.android.com/sdk/installing/index.html`. Abgerufen am 2012-07-19.

[34] Android Developer. `http://developer.android.com/tools/debugging/ddms.html`. Abgerufen am 2012-07-19.

[35] Android Developer. `http://developer.android.com/tools/debugging/debugging-tracing.html`. Abgerufen am 2012-07-20.

[36] Android Developer. `http://developer.android.com/tools/debugging/debugging-ui.html`. Abgerufen am 2012-07-19.

[37] Android Developer. `http://developer.android.com/tools/devices/emulator.html`. Abgerufen am 2012-07-19.

[38] Android Developer. `http://developer.android.com/tools/help/draw9patch.html`. Abgerufen am 2012-07-20.

[39] Android Developer. `http://developer.android.com/tools/help/monkey.html`. Abgerufen am 2012-07-20.

[40] Android Developer. `http://developer.android.com/tools/help/proguard.html`. Abgerufen am 2012-07-20.

[41] Make Me Droid. `http://www.makemedroid.com/de/guides/features/`. Abgerufen am 2012-08-28.

[42] C. Ehrenstein. Air-grundlagen. In *Adobe AIR: Installation, Praxis, Referenz*, Galileo Computing, pages 21–70. Galileo Press GmbH, 2009.

[43] C. Ehrenstein. Installation von adobe air. In *Adobe AIR: Installation, Praxis, Referenz*, Galileo Computing, pages 85–95. Galileo Press GmbH, 2009.

[44] eResult Research & Consulting. `http://www.eresult.de/studien_artikel/forschungsbeitraege/app-usability.html`. Abgerufen am 2012-07-23.

[45] S. Haiges and M. Spiering. Native anwendungen erstellen. In *HTML5-Apps für iPhone und Android*, Franzis Professional Series. Franzis Verlag GmbH, 2011.

[46] S. Komatineni and D. MacLean. Android emulator. In *Pro Android 4*, Apressus Series, pages 8–9. Apress, 2012.

[47] S. Komatineni and D. MacLean. The ddms perspective. In *Pro Android 4*, Apressus Series, pages 317–320. Apress, 2012.

[48] S. Komatineni and D. MacLean. Early history of android. In *Pro Android 4*, Apressus Series, pages 3–6. Apress, 2012.

[49] S. Komatineni and D. MacLean. The hierarchy view perspective. In *Pro Android 4*, Apressus Series, pages 320–321. Apress, 2012.

[50] S. Komatineni and D. MacLean. Traceview. In *Pro Android 4*, Apressus Series, pages 321–322. Apress, 2012.

[51] Android Developer Licence. http://developer.android.com/license.html. Abgerufen am 2012-07-18.

[52] Android Lint. http://tools.android.com/tips/lint/. Abgerufen am 2012-07-19.

[53] Android Linux. http://androidlinux.com/. Abgerufen am 2012-07-18.

[54] PhoneGap. http://docs.phonegap.com/en/2.0.0/cordova_file_file.md.html. Abgerufen am 2012-08-07.

[55] PhoneGap. http://docs.phonegap.com/en/2.0.0/cordova_media_capture_capture.md.html. Abgerufen am 2012-08-07.

[56] PhoneGap. http://docs.phonegap.com/en/2.0.0/guide_getting-started_android_index.md.html. Abgerufen am 2012-08-07.

[57] PhoneGap. http://www.phonegap.com/about/faq. Abgerufen am 2012-08-07.

[58] PhoneGap. http://www.phonegap.com/about/license. Abgerufen am 2012-08-07.

[59] Gartner Research. http://www.gartner.com/it/page.jsp?id=2017015. Abgerufen am 2012-07-12.

[60] Play Store Sicherheit. http://support.google.com/googleplay/bin/answer.py?hl=de&answer=1368854. Abgerufen am 2012-07-18.

[61] Appcelator Titanium. http://docs.appcelerator. com/titanium/2.1/index.html#!/guide/Creating_ Your_First_Titanium_Apps-section-29004841_ CreatingYourFirstTitaniumApps-CreatingaCustomProject. Abgerufen am 2012-08-21.

[62] Appcelator Titanium. http://docs.appcelerator.com/titanium/2.1/ index.html#!/guide/Titanium_Compatibility_Matrix. Abgerufen am 2012-08-21.

[63] Appcelator Titanium. http://www.appcelerator.com/platform/ titanium-studio. Abgerufen am 2012-08-21.

.

www.ingramcontent.com/pod-product-compliance
Lightning Source LLC
Chambersburg PA
CBHW031231050326
40689CB00009B/1553